Ye   20963

CHANSO[N]

SUR
L'HEUREUX ACCOUCHEMENT
DE LA REINE,
ET SUR LA NAISSANCE
DE MONSEIGNEUR
LE DAUPHIN.

Par M. DUVAL.

AU PAYS JOYEUX.

M. DCC. LXXXI.
Avec Permission.

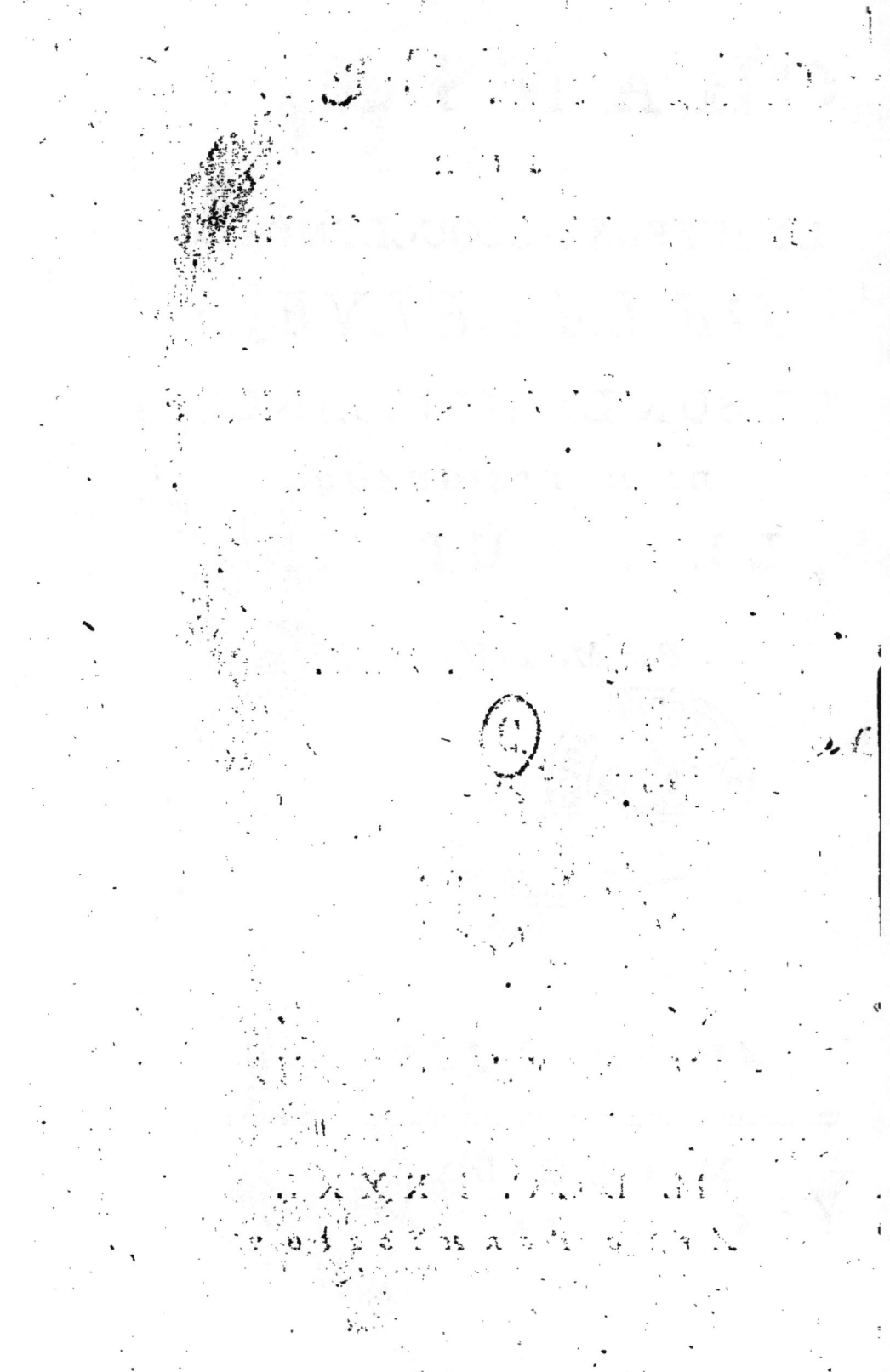

CHANSON

Sur la Naissance de Monseigneur le DAUPHIN.

AIR: *Travaillez, travaillez bon Tonnelier.*

LE bruit redoublé du canon
Annonce par toute la France,
Que l'Épouse du GRAND BOURBON,
Par une heureuse délivrance,
Vient de combler notre desir:
Aussi dans le sein du plaisir,
Nous chantons, nous crions, vivent sans fin
Le Roi, la Reine & le DAUPHIN.

NOTRE REINE goûte aujourd'hui
Le tendre plaisir d'être Mere,
Tandis que son auguste FILS
Ajoute aux beaux jours de son Pere,
Un éclat qui doit réjaillir
Jusques dans les temps avenir:
Répétons, répétons, vivent sans fin
Le Roi, la Reine & le DAUPHIN.

A

Notre aimable Roi que l'amour
Rend aujourd'hui doublement Pere,
Pour nous conserver à toujours
La bonté de son caractere,
D'un nouveau lui-même prétend
A son Peuple faire un préfent;
Répétons, répétons, vivent sans fin
Le Roi, la Reine & le Dauphin.

Rejeton du Roi des François,
Sans doute il chérira la France,
Perpétuant de nos bons Rois
La douceur & la bienfaisance;
Nos arrieres-petits-neveux
Héritant de nos jours heureux,
chanteront, s'écrieront, vive sans fin
Le Roi, la Reine & le Dauphin.

François, montrons tous en ce jour
Notre zele patriotique;
Cédons aux transports de l'amour,
Et reprenons nos mœurs antiques;
Faisons comme nos bons aïeux,
En apprenant à nos neveux
A chanter, à crier, vivent sans fin
Le Roi, la Reine & le Dauphin.

Chaque Bourgeois de sa maison
Fait illuminer la façade,

Le Marchand orne son plafond,
Et l'Artisan boit à rasade ;
Les fillettes & les garçons
Se prennent pour danser en rond,
En chantant, en criant, vivent sans fin
Le Roi, la Reine & le Dauphin.

Que la joie, les ris & les jeux,
Que les cris de réjouissance
Soient l'interprete de nos vœux
Et de notre reconnoissance ;
Chantons, chantons à l'unisson,
Mais sur-tout dans chaque chanson,
Répétons, répétons, vivent sans fin
Le Roi, la Reine & le Dauphin.

CHANSON NOUVELLE,

Sur l'air : *L'Amour quêteur.*

Le bruit redoublé du canon
Annonce à toutes les Provinces,
L'heureuse naissance d'un Prince
Dans la Maison de Bourbon,
C'est un Dauphin ; c'est pour la France
Le présent le plus précieux,
Que le Monarque des Cieux, (*bis.*)
Fasse dans sa clémence. (*bis*)

On ne connoît point la douleur
A cette agréable nouvelle ;
Qu'elle est flateuse pour l'oreille,
Qu'elle est douce pour le cœur !
Par-tout, à la Ville, au Village,
L'écho redit de tout côté,
Que de la félicité (*bis.*)
C'est le précieux gage. (*bis.*)

Vous dont le caractere joyeux
Sçut toujours caresser ses Maîtres,
Qui furent toujours faits pour l'être,
Imitez vos bons aïeux
François, le sérieux détestable
Par vous doit être rejetté ;
Reprenez votre gaîté, (*bis.*)
Vous étiez tant aimable. (*bis.*)

Aussi pour fêter le DAUPHIN
Nous allons tous faire bombance ;
La joie que cause sa naissance
Paroîtra dans nos festins ;
Nous boirons du vin de Champagne,
De Bourgogne & de Canari,
Et nous ferons de Paris (*bis.*)
Un pays de Cocagne. (*bis.*)

Tandis que l'on offre en tous lieux
Au Dieu puissant des Sacrifices,

Que l'on fait voler l'artifice
Dont l'éclat frappe nos yeux,
Pénétrés de reconnoissance,
De nos voix formons un concert,
Pour apprendre à l'Univers   (bis.)
Le bonheur de la France.   (bis.)

   Secondez nos joyeux transports,
Battez, tambours, sonnez, trompettes,
Violons, bassons, clarinettes,
Formez de tendres accords,
Chantez le Roi, chantez la Reine,
Répétez le tendre refrein :
Vive, vive le Dauphin   (bis.)
Que l'amour nous amene.   (bis.)

   Pour être témoins de nos jeux,
De nos plaisirs & de nos fêtes,
Guerriers suspendez vos conquêtes
Et vos exploits glorieux;
Accourez tous près de la Seine,
Vous verrez le jour & la nuit,
Du bel astre qui nous luit,   (bis.)
Le brillant phénomene.   (bis.)

   Elevons nos cœurs & nos voix
Au Dieu puissant qui nous dirige,
Pour qu'il éternise la tige
Et la gloire de nos Rois;

Celui dont le regne prospere,
Fait notre bonheur en ce jour,
Nous montre que son amour (bis.)
Le rend doublement pere. (bis.)

CHANSON NOUVELLE

Sur l'Air : *Madame la Geoliere*,
ou *au bord d'une Fontaine*.

Paris, qui loge en France,
Depuis long-temps n'a vu
Tant de réjouissance
Pour un nouveau venu ;
Mais quand de Louis seize
On voit un rejetton,
Un chacun est si aise
Que l'on rit tout de bon.

Aussi-tot que la Reine
Eut produit le Dauphin,
Les Cours Souveraines,
Sans remettre à demain,
Rendirent une Ordonnance
Qui veut qu'en tous cantons
Mille réjouissances
Célébrent ce beau nom.

Dans les Places publiques,
Le vin coule à grands flots,
Au son de la Musique,
On jette du fricot ;
On éclaire la danse
D'illuminations,
On marque la cadence
A grands coups de canons.

Nosseigneurs de la Ville
Et ceux du Parlement,
Iront d'un ton civile
Lui faire un compliment ;
Le Peuple, à perdre haleine,
Chantera le refrein,
Vivent le Roi, la Reine,
Monseigneur le Dauphin.

C'est à la Cathédrale
Où nous irons voir com
On fait, sur les tymbales,
Rouler un *Te Deum* ;
Notre Roi à la tête,
De sa brillante Cour,
Embellissant la fête,
Augmente le concours.

De la Sainte qui chasse
Les fièvres de Paris,

Nous irons voir la Châsse
Découverte pour lui ;
Puis devant le pupitre
Chantant *Gaudeamus* ;
L'Abbé quittant sa Mître,
Dira des *Oremus*.

Nous verrons, à notre aise,
L'Opéra poure rien,
La Comédie françoise
Et les Italiens ;
Nous verrons les figures,
Nicolet, Audinot :
Mille autres bigarrures
Sans oublier Jeannot.

Puisque par-tout s'alume
Des feux en son honneur,
Que chacun de nous fume
Sa pipe de bon cœur :
Puisqu'il vient en Automne,
La saison où l'on boit,
Nous vuiderons la tonne
Pour en brûler le bois.

RONDE.
CHANSON A DANSER
Sur la Naissance de Monseigneur le
DAUPHIN.

Air : *La G'nille à Pierrot.*

Célébrons tous la naissance,
    De notre Dauphin ;
Par grande réjouissance,
Vive le Dauphin de France,
    Vive le Dauphin.

Par grande réjouissance,
    Vive le Dauphin ;
Mettons-nous tous en cadence ;
Vive le Dauphin de France,
    Vive le Dauphin.

Mettons-nous tous en cadence,
    Vive le Dauphin ;
On fait voler la finance,
Vive le Dauphin de France,
    Vive le Dauphin.

On fait voler la finance,
    Vive le Dauphin ;
Le vin coule en abondance,

Vive le Dauphin de France,
Vive le Dauphin.

Le vin coule en abondance,
Vive le Dauphin;
On distribue la pitance,
Vive le Dauphin de France,
Vive le Dauphin.

On distribue la pitance,
Vive le Dauphin;
Nous remplirons notre panse,
Vive le Dauphin de France,
Vive le Dauphin.

Nous remplirons notre panse,
Vive le Dauphin;
Que notre reconnoissance,
Vive le Dauphin de France,
Vive le Dauphin.

Que notre reconnoissance,
Vive le Dauphin;
Lui serve de récompense,
Vive le Dauphin de France,
Vive le Dauphin.

Lu & approuvé, ce 24 Octobre 1781.
DE SAUVIGNY.

Vu l'Approbation, permis d'imprimer, ce 24 Octobre 1781. LE NOIR.

De l'Imprimerie de B. MORIN, rue Saint-Jacques.

COMPLIMENT

Des Bouquetieres de Paris, au Roi & à la Reine,

Sur la Naissance de Mgr. le Dauphin, & sur les Fêtes superbes données par la Ville les 21 & 23 Janvier 1782.

JE venons à vos pieds, Reine & Roi,
 pour vous dire,
Avec tout le respect qu'on doit aux
 Majestés ;
Que chacune de nous, dans l'amour qui
 l'inspire,
Voudroit à vos longs jours voir les
 siens ajoutés ;
La France entiere sçait que notre âme
 est loyale ;
Nous servons & chantons la Famille
 Royale,
De tout notre pouvoir qui, malheu-
 reusement,
N'est pas à comparer à notre senti-
 ment ;
Ce n'est que le défaut d'une pauvre
 Naissance,
Nos places ne sont point faites pour
 l'Eloquence ;

A

C'est à s't Académie où sont les grands Auteurs,
Quarante ! on peut s'aider, ça lit, &
ça compose !
Mais je nous connoissons au mérite des fleurs,
Et j'admirons les Lys à côté de la Rose.

CHANSON
Sur le même Sujet.

Air : Ah ! ça, v'la qu'est donc baclé !

Nous avons donc un Dauphin,
C'est un appui pour la France ;
J'avons prié l'Ciel sans fin
Pour la grâce de sa Naissance ;
Il est venu, Dieu merci,
Rions, chantons, dansons aussi.   *bis.*
 Dans son berceau, vertu bleu,
De le voir je m'imagine,
Avec son p'tit cordon bleu
Dessus sa gentille poitrine.
Rien n'dégote st'Enfant là,
Que l'Pere & la Mere que v'là.   *bis.*
 Dans l'Almanach je r'gardions
S'avancer le jour du terme,
Et joyeusement j'disions,
Tant not' espérance étoit ferme,

Ce s'ra sûrement un Dauphin (1)
Car la Lune est dans son déclin.   *bis.*
  Honneur à ce beau Poupon,
Queu plaisir après la peine !
I'n'sauroit manquer d'êt' bon ;
C'est d'l'ouvrage d'not' Roi, d'not'
  Reine,
Ça vous aura des vertus,
Pour le moins autant d'écus.   *bis.*
  Célébrons tout à la fois,
Dans l'ardeur qui nous enflamme,
L'Comte & la Comtess' d'Artois
A la suite d'Monsieur, d'Madame ;
Sans oublier l'Empereur,
Tretous moins fiers qu'un p'tit Sei-
  gneur.   *bis.*
  Force lampions & tonneaux,
Grand fracas, pleine bombance ;
Pour ce Dauphin que d'museaux
Vont être rougis d'importance !
Mais chacun s'roit d'même en train ;
Sans l'vin, les cervelas & l'pain.   *bis.*
  Tout François (on n'lignor' pas,)
Pour ses Rois a d'la tendresse,
Et le Peuple en pareil cas,
Va de pair avec la Noblesse ;
A Versailles on est content,
A Paris, on l'est ben autant.   *bis.*

(1) Opinion populaire.

     A ij

CHANSON

En réjouissance de l'heureux rétablissement de la REINE, & de la Naissance de Monseigneur le DAUPHIN.

Sur l'AIR : *de la Pentoufle.*

ENFIN, tout est prêt,
La REINE vient à Notre-Dame,
Allons, chers Français,
Le Ciel comble nos souhaits.
Quel plaisir pour nous
De voir cette noble Dame !
Quel bonheur pour nous
De voir ces charmans Epoux !

A Versailles & Paris,
Grands & petits, tout s'empresse,
Les jeux, & les ris,
Tout se prodigue aujourd'hui.
Un charmant Dauphin
Réveille notre allégresse,
Ce charmant Dauphin
Accomplit l'heureux destin.

Non, rien n'est plus beau,

On voit les Princes & Princesses,
Quitter leurs Châteaux,
Pour voir cet objet si beau ;
Bourgeois, Artisans,
Chacun prouve sa tendresse,
Jusqu'aux Paysans,
Ils ont tous le cœur content.

La Ville à son tour,
N'épargne rien pour la Fête,
Flûte, hautbois, tambours
Retentissent en ce beau jour,
Concerts en tous lieux,
Feux d'artifice s'apprêtent,
Pour porter aux Cieux
Le nom de Louis glorieux.

Bénissons le jour
Qui remplit notre espérance ;
Français, tour à tour
Prouvons chacun notre amour,
Buvons & chantons,
Et faisons réjouissance,
Vive les Bourbons,
Et l'aimable Rejetton.

Nous vous remercions,
O Divinité suprême,

Nous vous supplions
De conserver les Bourbons.
Répétons sans fin,
Vive le ROI & la REINE,
Buvons du bon vin,
A la santé du DAUPHIN.

FIN.

AUTRE.

Sur le même Sujet.

Amis, quelle joie nouvelle
Vient s'emparer de mes sens !
Il n'est point Fête plus belle,
Pour nous quels ravissemens !
La bonne REINE ANTOINETTE
Vient aujourd'hui à Paris,
Elle est en santé parfaite,
Aussi bien que son cher fils.

Le grand désir de la France
Etoit d'avoir un Dauphin ;
La divine Providence
A couronné le destin.
Pour nous, quel bonheur extrême,
De voir couronner nos vœux !
Nous donnant ce bien suprême,
C'est rendre le Peuple heureux.

Français, remercions l'Etre
Qui nous comble de bonheur :
En tous lieux faisons connaître
Sa bonté & sa grandeur,
Aujourd'hui que tout s'apprête
A répeter tous sans fin,
En célébrant cette fête,
Vive, vive le Dauphin.

Que chacun de nous exprime
Les sentimens de son cœur :
C'est trop peu que notre estime
Pour ces généreux vainqueurs.
Il faut chanter à voix pleine,
Et répéter ce refrein,
Vive le Roi & la Reine,
Et Monseigneur le Dauphin.

F I N.

CHANSON NOUVELLE.

Sur un Air connu.

Oui l'Amour a su charmer mon
    cœur,
En me présentant une rose,
Je crois qu'elle fera mon bonheur,
Puis-je désirer autre chose ?
Je crois, &c. *bis.*

C'est en vain que je disois souvent
Que ma liberté m'étoit chere ;
Mais si je la perds en aimant,
C'est pour une aimable Bergere ;
Mais si, &c.   bis

❦

Cupidon, je t'implore en ce jour
Et je me soumets à ton empire ;
Fais que Rosette mes amours,
Termine dans peu mon martyre ;
Fais que, &c.   bis.

❦

Si l'Hymen vient couronner mes
    feux,
Quel plaisir d'obtenir ce que j'aime !
Je lui promets comblant mes vœux,
De l'aimer autant que moi-même.
Je lui, &c.   bis.

FIN.

AUTRE.

Air : *Menuet d'Exaudet.*

Oui je crois,
Que le Roi,
Et la Reine,
Doivent être satisfaits
D'entendre les Français
Chanter à gorge pleine,
Vive le Roi, le Dauphin
Et la Reine ;
Ce Poupon, quoiqu'enfantin,
En vaut pour le certain,
La peine.

Anglais, voilà votre Maître,
Cet Enfant qui vient de naître,
Vous saura,
Vous fera,
Perdre haleine,
Respecter son pavillon,
Et son nom de Bourbon
Sans peine.

Oui je crois,
Que le Roi
Et la Reine,

En voyant ce beau Dauphin,
Ont senti dans leur sein
Leur joie aussi la mienne.
  Qu'un bon Roi,
  Comme toi,
  A de gloire,
D'être Pere & bon Mari,
Chanter à l'Ennemi,
  Victoire.

LE PETIT MENAGE.

Air nouveau.

LA Fortune & ses largesses
Satisfont peu mes désirs,
A la place des richesses
J'en ai reçu les plaisirs,
Plaisir aussi délectable
Et plus précieux que l'or,
Ma compagne est agréable,
Oui, ma femme est un trésor. *bis.*
 Nous sommes fort à notre aise,
Quoiqu'en un logis étroit,
Car nous n'avons qu'une chaise,
Près du lit un tabouret ;
Mais dans ce réduit aimable,
Que sa présence embellit,
L'appétit nous met à table,

Et l'amour nous mène au lit.   bis.
    Nos repas sont peu superbes,
Tout est si cher à présent ;
Mais ma femme avec des herbes
Sait me renvoyer content :
Chaque morceau qu'elle touche
En reçoit tant de saveur,
Qu'il semble fait pour ma bouche
Encor moins que pour mon cœur.   bis.
    Ma femme toujours rapine
Pour amasser quelques sous,
Nous ne buvons que chopine
Chaque repas entre nous ;
Mais quoique vin de taverne
Et souvent bien bas percé,
Il vaut mieux que du Falerne,
Quand par elle il est versé.   bis.
    Nous avons bien de la peine,
Nous la portons sans regret,
Car le poids de notre chaîne
S'allége par son objet ;
Même ardeur & même zèle
Nous soutient & nous conduit :
Quand mon cœur dit, c'est pour elle,
Le sien répond, c'est pour lui.   bis.
    Ma femme sera féconde,
Oui, je le vois chaque jour,
Il croît dans sa taille ronde
Certain petit fruit d'amour ;

Mais pour les mois de nourrice
Nous n'avons point de chagrin,
Ma femme toujours propice,
Le nourrira de son sein.   *bis.*

Amis, dans votre ménage
Voulez-vous être contens ?
Puisque l'amour vous engage,
Il faut donc vivre en amans :
Epoux, aimez votre femme,
Femme, aimez votre mari,
Et vous chérirez la flamme
Du lien qui vous unit.   *bis.*

FIN

Lu & approuvé, ce 18 Janvier 1782.
DE SAUVIGNY.

Vu l'Approbation, permis d'imprimer,
ce 18 Janvier 1782. LE NOIR.

De l'Imprimerie de VALLEYRE l'aîné.

www.ingramcontent.com/pod-product-compliance
Lightning Source LLC
Chambersburg PA
CBHW060623050426
42451CB00012B/2392